ÉLOGE

DE

XAVIER SIGALON

Imp. de Boniface, rue Neuve-des-Bons-Enfants, 19.

ÉLOGE

DE

XAVIER SIGALON

Couronné par l'Académie de Nimes

PAR

CHARLES SAINT-MAURICE

PARIS

L. MAISON, LIBRAIRE, 3, RUE CHRISTINE.

1848.

Vers le milieu du dernier siécle, un grand artiste,
un peintre qui avait mérité la gloire, expirait enlevé
par une mort soudaine à l'art qu'il avait illustré;
Rome, où il y a toujours eu des juges éclairés et de
glorieuses récompenses pour tous les talents, s'était
émue d'une juste admiration devant les brillants es-
sais du jeune peintre; car, déjà marqués du sceau
d'une maturité vigoureuse, ils ne pâlissaient pas en
présence des chefs-d'œuvre dont le pinceau de tant de
grands maîtres avait enrichi la ville éternelle; elle
accordait même à cet artiste l'honneur d'orner d'un
de ses tableaux la basilique de Saint-Pierre dont il
n'était permis de franchir le seuil qu'au mérite, con-
sacré par d'unanimes suffrages. Mais ce n'était pas
encore assez de cette distinction; elle en rehaussait
l'éclat par une faveur dont l'exception était peut-être
sans exemple dans l'histoire des arts; elle faisait tra-
duire en mosaïque le tableau de *Saint Basile célébrant
les saints mystères*, comme pour donner à cette œuvre
d'un pinceau étranger la garantie d'un souvenir impérissable.

Cet artiste, à qui un des successeurs de Léon X décernait une si haute récompense, ce peintre désigné, recommandé en quelque sorte à la justice de ses contemporains et de la postérité par l'arrêt solennel du grand jury de Rome, était Français; il était né à Uzès, dans cette province du Languedoc qui a donné tant de beaux noms aux fastes de la France; il se nommait Subleyras et mourait à quarante-neuf ans (1)!

Moins de quarante années après la mort de ce peintre, dont un injuste oubli semble couvrir la mémoire, naissait dans cette même ville d'Uzès (2) un enfant également promis à de grands succés dans l'empire des arts. Singulier effet du hasard, ét ange concours de circonstances analogues! cet enfant devait, comme son aïeul en talent et en gloire, mourir à quarante-neuf ans; comme lui, il devait, en marchant sur ses traces, conquérir un de ses principaux titres à l'immortalité dans cette Rome où Subleyras avait vu couronner sa jeunesse; moins heureux toutefois que son compatriote, Sigalon devait y trouver son tombeau; il devait expirer loin de sa patrie, au moment où e'le préparait à son talent une solennelle réparation.

A l'époque où naquit Sigalon, la France politique s'essayait à sa révolution; la peinture avait alors accompli la sienne sous les auspices de Vien et de David qui avaient rappelé l'art à la sévérité des principes, à l'étude de l'antiquité classique et de la nature qui fut son modèle. L'Ecole française, long-temps égarée sur les traces des Boucher, des Nattoire et des Vanloo, rentrait dans la voie des saines traditions;

---

(1) Né à Uzès le 5 décembre 1699 ; mort en février 1749.

2) Xavier Sigalon, né à Uzès en 1788.

elle n'avait pas encore exagéré les qualités de ses nouveaux maitres ou plutôt de ses régénérateurs.

Fils d'un maître d'école, Sigalon passa ses premières années à Uzès ; doué d'une intelligence précoce, les difficultés des règles élémentaires de l'enseignement ne furent qu'un jeu pour lui ; son père pouvait dès lors saluer dans son jeune fils l'héritier futur de son sceptre magistral et former des rêves d'agrandissement pour son école. A neuf ans, Sigalon était déjà assez sérieux, assez instruit, pour suppléer quelquefois son père auprès des autres enfants ; il exerçait déjà sur eux l'ascendant d'un caractére réfléchi et presque de l'expérience.

Ces détails ne sont pas sans intérêt, lorsqu'il s'agit d'un enfant qui ne devait pas être un homme ordinaire. Sigalon avait des passetemps qui ne ressemblaient guéres à ceux des autres enfants ; il les laissait s'agiter, se livrer à tous les mouvements de l'insouciance et de l'étourderie ; pour lui, son jouet favóri, l'objet de sa prédilection exclusive, c'était un bout de crayon, quand le hasard lui en procurait la bonne fortune ou un morceau de charbon qu'il savait bien façonner aux besoins de son goût pour le dessin. Les murs de l'école étaient couverts de ses esquisses le plus souvent bizarres et même burlesques ; mais il y avait dans ces jeux, dans ces fantaisies d'une main inexpérimentée des traits, des lignes, des contours qui pouvaient déjà faire soupçonner des études et le premier travail d'un noviciat commencé.

Que de fois le père gronda l'artiste apprenti dont l'irrévérent et capricieux crayon n'épargnait pas même les murs de la classe ! Que de fois, s'armant d'un front sévère, le maître menaça d'une punition exemplaire l'incessante récidive ! Mais alors la passion du dessinateur se réfugiait dans les livres et dans les cahiers que ne respectaient ni le crayon ni la plume ; puis les plaintes, les menaces se renouvelaient, comme les serments de résipiscence de la part de l'enfant qui promettait toujours d'être plus sage à l'avenir, c'est-à-dire de renoncer au d ssin.

Mais enfin c. tte lut.e contre l'instinct, contre ce qu'on appelle la vocation, cessa, lorsque le père de Xavier vint s'établir à Nimes avec sa fami le; il fut averti des brillantes dispositions de son fils par les succès qu'il obtint dans l'étude du dessin t surtout par ses professeurs qui avaient deviné dans l'écolier de dix ans l'aurore et le prélude d'un grand artiste (1).

Ainsi le début de Xavier Sigalon dans la carrière des arts avait été, en quelque sorte, un combat; il lui avait fallu triompher des préventions, bien excusables sans doute , de la prudence paternelle qui craignait pour l'enfant les mécomptes et les déceptions de l'avenir; il put donc enfin se livrer à son goût. Mais il savait que l'instruction féconde la pensée de l'artiste, échauffe son imagination, et agrandit la sphère de ses travaux ; il voulait être peintre, mais pour lui la peinture était un noble but, et non un métier vulgaire ; il s'inspirait de la vie et des souvenirs des grands peintres de l'Italie et de la France ; il lisait tout ce qui avait été écrit sur les écoles célèbres, sur les hommes qui les avaient illustrées. Se partageant entre le dessin et la lecture, le jeune Xavier ne négligeait ni l'histoire ni la poésie, et paraissait déjà y chercher, y choisir les sujets de ses compositions futures.

Ces rêves, ces illusions, qui ne les pardonnerait à ce jeune homme dont l'âme ardente pouvait se glacer et défaillir sous une triste réalité? Ces illusions, ces rêves lui étaient bien nécessaires pour le soutenir

---

(1) Entré à l'école centrale de Nîmes à dix ans, il y remporta dès les premières années les prix de tête et de bosse.

en face des obstacles qui menaçaient de lui fermer la carrière. Il n'ignorait pas que, dans la capitale seulement, il pourrait trouver des modèles et des maitres capables de le guider dans les dernières, dans les plus difficiles épreuves de son apprentissage. Car, si Paris seul décerne les couronnes, Paris seul aussi forme les grands peintres, achève leur éducation, et, bien que Sigalon eùt rencontré à Nîmes des professeurs instruits, leurs leçons ne pouvaient lui suffire ; ils montraient eux-mêmes à leur élève le théâtre où le talent peut se produire. Sigalon avait donc la conscience de ce qui lui manquait ; il ne s'abusait pas sur la valeur des succès qui l'avaient fait connaître à Nismes ; mais Paris était bien éloigné, et puis la capitale ne présentait que la solitude à un jeune homme sans protecteurs, sans amis ; il y avait là, il le savait, de nombreux concurrents et de dangereux rivaux, des talents et des intrigues ; il y rencontrerait des préventions, la jalousie, la haine peut-être ! En outre, le fils du maitre d'école était sans fortune : les faibles ressources de son talent, le produit des leçons de dessin, le prix des portraits qu'il avait pu faire ne lui permettaient guère de hasarder un voyage dans la capitale, bien moins encore d'y fixer son séjour : ces considérations puissantes étaient de nature à justifier un ajournement qu'il pouvait regarder comme indéfini.

Cependant l'espérance ne l'abandonne pas : il appelle à son secours l'exemple des hommes de génie qui l'ont précédé dans la carrière ; il se soumet, il se résigne à attendre ; mais, quand parfois le bruit lointain d'une réputation qui s'élève dans la capitale arrive jusqu'à lui, quand la renommée lui révèle un nom nouveau qui surgit, alors il se prend à pleurer : toutefois ce ne sont pas les larmes du dépit ou d'une colère envieuse, c'est l'expression d'un sentiment ho-

norable, de la noble passion de l'art et de la gloire
tout ensemble. Ainsi le guerrier condamné à l'inac-
tion s'émeut en entendant retentir le cri de la guerre,
et gémit de ne pouvoir prendre place au champ de
bataille. Ces larmes clandestines, cette douleur qui
n'avait pas de confident, elles s'expliquent, elles se
traduisent par l'exclamation historique d'un artiste
célèbre : « Et moi aussi je suis peintre ! »

Xavier Sigalon était peintre aussi, et la nature seule
l'avait formé ; il n'avait pas eu de maîtres, il ne devait pas en avoir, car on ne saurait regarder comme
un enseignement sérieux, comme d'utiles conseils
pour son talent, les leçons de peinture que lui donna
ou prétendit lui donner un peintre médiocre. Monrose ne pouvait lui apprendre ce qu'il ignorait lui-
même, et la pratique d'un pinceau routinier ne répondait nullement aux idées, aux sentiments du jeune
Sigalon. Plus tard il parlait assez gaiement de ces leçons, mais avec une mesure qui faisait honneur à sa
délicatesse envers la mémoire d'un homme qu'il appelait son premier, son unique professeur de peinture, car il avait de la reconnaissance pour Monrose,
et il lui savait surtout gré des encouragements qu'il
avait reçus de lui.

Il en est des premiers tableaux d'un peintre comme
des premiers vers d'un poète : il serait injuste de les
juger définitivement l'un et l'autre d'après leurs es-
sais. Combien de talents avortés ont donné tort à de
téméraires espérances ! Combien d'arrêts, de condam-
nations ont été cassés par des talents qu'on avait d'a-
bord méconnus ! Les premiers tableaux de Sigalon, il
faut le dire, et il faisait lui-même bon marché de ses
débuts dans la grande peinture, accusaient la jeunesse
et l'inexpérience du peintre ; il n'était pas mûr pour
les compositions sévères qu'il imposait à son pinceau.

Cependant il y a dans quelques-uns de ces tableaux le germe précieux des qualités qui caractérisent le grand artiste. *La Mort de saint Louis* surtout, ce sujet sur lequel se sont exercés tant d'artistes, annonce l'intelligence qui conçoit la grandeur et la dignité de l'histoire; la scène a de la majesté; la figure principale est empreinte d'un beau caractère; c'est bien là cette résignation que la foi inspire, et l'agonie du saint roi exprime une calme et pieuse aspiration à la patrie céleste où il va recevoir sa couronne impérissable. Mais ce qui distingue principalement cette composition, c'est la pureté du dessin, c'est l'application d'une longue étude de la nature; la couleur sans doute est loin d'y être irréprochable; les tons manquent de fermeté; l'aspect général du tableau n'a rien qui attire et fixe l'attention. Toutefois il mérite d'être examiné, d'être étudié comme point de départ de l'artiste, et peut-être la postérité sera-t-elle moins sévère que Sigalon lui-même, qui appelait cet ouvrage un péché de sa jeunesse : « Je l'expierai un jour, disait-il en refaisant le tableau ! » Et ce n'était pas un mot jeté à la critique pour la désarmer. Sigalon avait résolu de traiter de nouveau ce sujet ; nous avons vu une esquisse qui promettait un tableau digne d'une scène aussi imposante : la mort ne permit pas au peintre de dégager sa parole et de s'acquitter envers le saint roi.

Cependant une nouvelle destinée commence pour Sigalon : enfin le rêve de sa jeunesse et presque de son âge mûr, car il a près de trente ans, va s'accomplir; il lui est permis de quitter la ville où l'enchaînent les exigences de son existence laborieuse. Il arrive à Pris ; sa première visite est pour le Louvre ; il a oublié et les lettres de recommandation et les Mécènes dont elles lui promettent le patronage. Un mois s'est écoulé, et son enthousiasme le retient encore devant les chefs-d'œuvre qui lui révèlent toutes leurs beautés, tous les secrets de l'art.

Pendant que Xavier admire, étudie les tableaux du Musée, jetons un coup-d'œil sur l'état de la peinture et sur l'école française en 1820.

David, du fond de son exil, régnait encore par lui-même ou par ses élèves à qui il semblait avoir délégué l'autorité de son nom. Gros, Gérard, Guérin, Girodet, et quelques autres moins célèbres continuaient l'influence du maître ; toutefois il était facile de juger qu'elle ne tarderait pas à s'affaiblir. Bien que des cris de révolte n'eussent pas été poussés contre une autorité qu'on respectait encore par habitude, un mouvement timide s'essayait à l'émancipation et menaçait un système qui avait fait son temps. La paix rendue à l'Europe, après tant d'agitations convulsives, favorisait et préparait la réaction ; elle disposait les esprits au calme jugement, à l'appréciation désintéressée de la lutte qui allait s'ouvrir. La critique était rentrée dans ses droits ; elle avait reconquis son empire. De jeunes peintres, espoir de l'avenir, surgissaient à l'horizon des arts ; ils étaient pleins de force et de cette ambition dont l'excès même n'est pas toujours un défaut, et s'absout quelquefois par le bonheur des résultats.

Mais les moments de Sigalon sont comptés : il faut qu'il songe au but qu'il s'est proposé en venant à Paris ; il touche à sa trentième année, et à cet âge, quand on se résigne au rôle et au travail de l'écolier, aucune distraction n'est permise. On lui avait dit, et il croyait que, sans un certificat d'études dans l'atelier d'un maître célèbre, aucun artiste ne pouvait se faire un nom ; que cette tutelle était une condition imposée au talent lui-même. Sigalon, que sa modestie naturelle disposait, d'ailleurs, à n'avoir que peu de foi dans son propre mérite, se courba sous cette règle. Il entra donc dans l'atelier de Guérin ; l'auteur de *Marcus Sectus*, de *Phèdre*, et de quelques autres compositions dignes d'estime, accueillit avec bienveillance le peintre inconnu.

Le nouvel élève de Guérin s'aperçut bientôt que ce titre était, en quelque sorte, une abdication de toute originalité, et qu'en restant à cette école il courait risque de n'être qu'un imitateur. Entouré de jeunes gens façonnés à une obéissance aveugle et condamnés à une admiration exclusive pour leur maître, à une incessante extase devant leurs œuvres, Sigalon se hâta de rentrer dans son indépendance. Il comprit que les méditations sur son art et les études solitaires lui seraient plus utiles que les théories et les leçons d'un des chefs de l'école.

Toutefois, cette rupture avec les traditions encore si puissantes de l'Académie, n'était pas, de la part de Sigalon, une déclaration de guerre, un de ces mouvements hostiles de l'orgueil blessé que le ressentiment pousse à la vengeance. Il était trop sage, il avait trop de talent pour être injuste. Il ne contestait pas, il était loin de méconnaître les services que David avait rendus à la peinture, ceux que son école pouvait lui rendre encore ; mais il pensait qu'une transaction entre elle et les besoins nouveaux de l'art était nécessaire et n'était pas impossible. Il avait vu les qualités et les défauts de cette école ; il s'enferma dans son atelier pour méditer, pour chercher la solution du problème.

Quel dévouement à l'art, quel sincère amour de la gloire se manifestent dans cette solitude, on pourrait même dire dans cette captivité volontaire de l'artiste ! Quel enseignement pour les jeunes peintres si pressés de produire! qu'ils contemplent Sigalon travaillant pendant trois années, avant de risquer, devant le public, le premier essai de son pinceau. Et cependant ce peintre n'a pas à lutter seulement contre les difficultés de son art; la pauvreté l'assiége de ses terribles exigences, de ses importunités de chaque jour, de ses menaces de tous les instants; il n'a pas même la garantie d'un succès qui couronnera tant de consciencieux efforts, d'assiduité et de persévérance; est-il seulement assuré que le public laissera tomber sur lui la faveur d'un regard? Non : mais qu'importe! Sigalon travaille, travaille encore; il s'est imposé une rude et longue tâche; il l'accomplira!

Admirons ici la modestie de Sigalon, et la manière dont il concevait les devoirs et les obligations de l'artiste. Ce premier tableau, qui lui a coûté trois ans de travail, il hésite à le soumettre au jury de l'exposition; à chaque instant il aperçoit dans son œuvre de nouvelles imperfections; il réfute par des critiques les éloges qui l'encouragent; enfin *la Courtisane* parait au Musée, en quelque sorte, malgré l'auteur lui-même.

Ce tableau ne fut pas d'abord remarqué; quoiqu'on vante beaucoup la sûreté de l'instinct ou de l'intelligence du public, cependant il se trompe souvent; souvent aussi il a besoin qu'on lui montre du doigt ce qui mérite son attention, car il a foi aux réputations toutes faites, aux noms connus, et un nom nouveau n'obtient pas toujours grâce devant lui. Le tableau de Sigalon était, d'ailleurs, conçu, exécuté avec une hardiesse qui contrastait avec le goût dominant, avec les habitudes de l'admiration vulgaire. Mais des suffrages honorables vinrent chercher l'auteur de *la Courtisane;* alors la critique examina sérieusement ce tableau, et rendit hommage à une fermeté de style qui s'alliait heureusement à la grâce des détails, à une étude approfondie des maîtres vénitiens et des maîtres espagnols. Le public averti s'arrêta devant une composition qui avait le mérite de l'originalité, sans offenser le goût; il apprit le nom le Sigalon, il le répéta, et le peintre, entendant retentir ces éloges jusque dans le silence de son atelier, marcha avec plus d'assurance dans la route qu'il s'était frayée.

La critique lui avait donné rendez-vous à deux ans de là, dans ces mêmes galeries où il venait d'obtenir son premier succès; ses ennemis, car il en avait déjà, l'attendaient à une seconde épreuve. Sigalon s'y prépara.

L'école académique l'avait défié d'aborder un sujet emprunté de l'antiquité; elle ne lui refusait pas quelque talent, mais elle lui interdisait la peinture d'histoire; elle le renvoyait à la peinture de genre. Sigalon ne s'effrayait pas de ces défis; il répondait par un ironique sourire à cette incrédulité jalouse, qui ne lui pardonnait pas sa brusque désertion de l'atelier de Guérin.

L'antiquité! les chefs-d'œuvre classiques! qui en appréciait avec plus de goût, qui en sentait plus vivement les beautés que Sigalon? Nourri de la lecture des grands poètes, des grands écrivains, il cherchait, il trouvait dans leurs œuvres le délassement de ses journées si laborieuses; il aimait à réciter les beaux vers des maîtres de la scène française; heureux quand il pouvait assister à la représentation de leurs immortels ouvrages!

Un jour, après avoir exercé son imagination sur l'esquisse de plusieurs sujets de tableaux, sans en avoir trouvé un dont il fût satisfait, il était sorti de chez lui sans but déterminé. Le hasard, une vague rêverie le conduisent dans la rue de Richelieu. Il y

avait foule aux abords du Théâtre-Français; il re-
garde l'affiche : elle annonce *Britannicus* et Talma
dans le rôle de Néron. Sigalon était triste et un peu
ennuyé; il s'arrête; il oublie qu'il n'a pas dîné, prend
un billet et vient s'asseoir au parterre.

Dans cette soirée, Talma eut d'admirables inspirations; il semblait avoir deviné que là, devant lui,
parmi ses juges du parterre, se trouvait un autre
grand artiste venu pour l'admirer. Sigalon avait imposé silence à l'émotion vive et profonde qu'excitaient
en lui le poëte et l'acteur; il se crut un moment
transporté à Rome, dans le palais des Césars. Il voyait
Néron préluder à sa tyrannie sanglante; il voyait se
développer sous l'influence de l'adulation la pensée
du parricide, quand tout-à-coup un cri échappe à l'é-
motion, jusque-là muette, du peintre. « J'ai trouvé
un sujet, se dit-il en se tournant vers un de ses amis
qu'il avait rencontré au parterre! »

Sigalon venait d'entendre ces vers, que Racine a
mis dans la bouche de l'infâme Narcisse et qui ou-
vrent la quatrième scène du quatrième acte de *Britannicus* :

> Seigneur, j'ai tout prévu, pour une mort si juste :
> Le poison est tout prêt. La fameuse Locuste
> A redoublé pour moi ses soins officieux ;
> Elle a fait expirer un esclave à mes yeux ;
> Et le fer est moins prompt pour trancher une vie
> Que le nouveau poison que sa main me confie.

Sigalon n'écouta pas, n'entendit pas la fin de la tragédie ; il n'avait plus rien à demander à Racine et à
Talma. Il rentra chez lui, mais il ne put goûter un
moment de sommeil : Rome dégénérée, le premier
crime de Néron, le poison préparé par Locuste et l'esclave expirant pour l'éprouver, tout le spectacle de
la veille se reproduisait dans l'esprit de Sigalon en

vivantes images. Debout, au point du jour, devant son cheva'et, il jetait sur la toile l'esquisse de la *Locuste*.

Quel sera le premier confident de cette pensée neuve, hardie, qui vient de jaillir de l'imagination du peintre? Ce sera Néron lui-même, le Néron du Théâtre-Français : ce sera Talma !

Sigalon, qui connaissait le grand tragédien et qui avait dû faire son portrait, avait voulu s'éclairer de son opinion et de ses conseils. Talma s'empressa de répondre à l'appel du peintre. Quand il eut contemplé le drame découvert, surpris, pour ainsi dire, dans un vers de Racine :

— Mon ami, dit-il à Sigalon, en lui serrant la main, vous venez d'ajouter là un acte magnifique à *Britannicus* !

Le suffrage de Talma doubla les forces et le courage de Sigalon ; le tableau de *Locuste* était terminé quelques mois avant l'ouverture du salon.

Le moment choisi par l'artiste est celui où Locuste, remettant à Narcisse le poison destiné à Britannicus, en fait l'essai devant le gouverneur de ce malheureux prince. La violence de l'affreux breuvage se déclare; la victime tombe en se débattant contre la douleur ; elle expire au milieu d'effroyables convulsions.

Narcisse contemple froidement ce spectacle; il calcule l'effet du poison ; il étudie les derniers mouvements de l'esclave expirant ; il attend que la mort ait terminé son agonie et témoigne de l'habileté de l'empoisonneuse. La figure de ce vil affranchi exprime à la fois la cruauté et la bassesse ; sur les traits de Locuste le crime semble s'animer du double sentiment de l'orgueil et de la cupidité qui s'apprête à recevoir son salaire. Mais, dans cette horrible tragédie, dans ce drame saisissant qui se joue entre trois personnages, il y a place aussi pour la pitié; on se sent attendri à la vue de ce pauvre esclave qui paie de sa vie l'expérience de Locuste, et l'on songe à l'autre victime qu'il précède dans la tombe.

La simplicité de la scène, le sombre coloris dont elle est empreinte, le paysage lugubre qui termine la perspective, tout concourt à émouvoir l'âme du spectateur.

Quelle énergie dans l'expression des passions, mais aussi quelle correction dans le dessin !

L'effet produit par ce tableau fut prodigieux. Comme tous les ouvrages qui portent le cachet d'une véritable originalité, il souleva une polémique ardente, car, en 1824, la peinture était, ainsi que la littérature, divisée en deux camps opposés : elle avait ses classiques et ses romantiques. Mais Sigalon n'appartenait ni à l'un ni à l'autre de ces partis, ou plutôt il leur empruntait leurs qualités en leur laissant leurs défauts et leurs excès ; il dessinait avec une correction trop consciencieuse pour que les romantiques eussent le droit de le réclamer ; il avait trop osé pour que les partisans de l'Académie pussent, à cette époque d'exaltation, reconnaître que Sigalon était plus sage que ses adversaires, puisque son tableau, tout en pouvant être considéré comme une tentative de progrès, comme un pas hardi vers la réalité de la forme et la vigueur de l'expression, se recommandait par la première qualité exigée chez un peintre : la correction du dessin !

Aujourd'hui ces discussions si vives, cette controverse si passionnée entre les classiques et les romantiques, ne sont plus qu'un souveni ; mais le tableau de Sigalon leur a survécu ; du jour où sa *Locuste* fut exposée au Louvre, elle le plaça au premier rang de l'école moderne. Ce rang, il ne l'a point perdu ; une nouvelle génération de peintres et de juges a confirmé l'arrêt de l'opinion contemporaine ; la postérité le sanctionnera.

Toutefois nous ne devons pas nous taire sur quelques-uns des défauts que la critique signalait alors dans l'œuvre de Sigalon ; elle aurait peut-être encore raison aujourd'hui. Elle trouvait que l'horrible action de Locuste suffisait aux exigences de la scène, à l'explication du caractère de l'empoisonneuse, sans qu'il fût nécessaire d'augmentes l'horreur qu'elle inspire en la revêtant de formes trop hide ses; elle blâmait également l'intervention d'accessoires inutiles, tels que le hibou, le serpent et autres symboles magiques. Mais sur ce dernier point elle se montrait trop sévère; l'histoire des mœurs, des usages et des superstitions antiques avait d'avance donné gain de cause à Sigalon, car il était entraîné par une vive sympathie vers tous les souvenirs de Rome et d'Athènes; il aimait à vivre, suiva t une expression qui lui était familière, avec les Grecs et les Romains; il étudiait Rome dans Montesquieu, cet autre grand peintre qui a tracé un tableau si vrai, si animé de sa grandeur et de sa décadence; il suivait avec un intérêt toujours nouveau dans leurs phases diverses les solennelles représailles de la conquête de l'univers.

Il lisait, il admirait Homère et la Bible, Tacite et Virgile, Tite-Live et Horace, Lucain su tout ! Il pardonnait volontiers au grand Corneille sa prédilection pour le chantre de la Pharsale. Comme Corneille, et en dépit de Boileau, il trouvait dans Lucain l'aliment des nobles pensées, des inspirations généreuses; il affectionnait cette poésie mâle et fière, ces coups de pinceau qui caractérisent les grands hommes et les grandes choses. Mais, s'il admirait César, il admirait aussi, il aimait Pompée et les défenseurs de la liberté mou ante. Ami de la *cause vaincue,* comme Caton,

avec quel attendrissement et quel enthousiasme il
parlait de cette scéne où Brutus vient, au signal de la
guerre civile qui s'annonce, demander des conseils
au dernier des Romains! Que de fois, à une époque
où la France put craindre aussi elle-même les mal-
heurs des dissensions intestines, il répéta ces beaux
vers, les premiers de la réponse de Caton et qui seront
l'éternelle devise de l'honnète homme et du bon ci-
toyen :

Summum, Brute, nefas civilia bella fatemur ;
Sed quò fata trahunt, virtus secura sequetur,
Crimen erit superis et me fecisse nocentem... (1).

Mais un épisode, de la Pharsale provoqua le pinceau de Sigalon par une tentation violente, et il la
repoussa parce qu'un des principaux personnages du
tableau aurait pu rappeler l'empoisonneuse romaine.
C'était l'épisode de la magicienne de Thessalie ; c'était
la funèbre évocation, la prosopopée dramatique du
soldat romain, tombé obscurément sur le champ de
bataille et rappelé à la vie par les enchantements magiques pour satisfaire la curiosité inquiète de Sextus.
Sigalon aurait choisi le moment où le poëte peint la
la douleur de ce soldat, fatigué des courts instants de
l'existence que la magicienne lui a rendus, et rede-
mandant la mort comme un bienfait (2), après avoir
effrayé le fils du grand Pompée par les terribles révé-
lations de l'avenir, après lui avoir fait pressentir l'arrêt qui doit être prononcé à Pharsale (3).

« Si je n'avais pas fait la *Locusta*, disait Sigalon, je

(1 Phars; Liv. II.

(2) *Stat ullu mœstus tacite mortemque reposcit.*
PHARS. Liv. VI.

(3) *Distribuit tumulos vestris fortuna triumphis ;*
O miseranda domus ! toto nihil orbe videbis
Tutius Emathid ..
PHARS. Liv VI.

ferais la Magicienne de Thessalie. » Ces scrupules, peut-être justes, qui nous ont privés d'une belle page, nous les déplorions alors que l'avenir nous permettait d'espérer les compensations d'une telle perte ; mais aujourd'hui combien ne devons-nous pas regretter que Sigalon n'ait pas exécuté ce tableau, dont le sujet, tout-à-fait de son choix, allait si bien au caractère de son talent ? Il convenait, du reste, qu'il présentait de grandes difficultés, mais il en aurait triomphé sans doute, comme dans la *Locuste*, car il n'aimait pas les sujets faciles, et il aurait bien su être nouveau dans cette nouvelle composition.

Sigalon avait contracté envers le public, envers l'art, de graves obligations ; placé au rang des maîtres par deux tableaux, par le dernier surtout, il lui fallait répondre aux espérances qu'on avait fondées sur son talent. Abandonnant le profane pour le sacré, il emprunta de la Bible le sujet de son troisième tableau ; *Athalie faisant égorger les enfants du sang royal* parut au Louvre en 1827.

Produit des mêmes idées et des mêmes études qui avaient assuré le succès de la *Locuste,* ce tableau ne fut pas jugé digne des mêmes éloges ; on reprocha au peintre d'avoir exagéré ses qualités ; une manière heurtée, tourmentée, trahissait les efforts de l'artiste qui avait voulu donner à son dessin une grande énergie. L'effet général du tableau lui était peu favorable ; le sujet lui-même offrait quelque chose de pénible et les femmes, les mères surtout, détournèrent leurs regards d'une scène où une femme, bien que le peintre eût donné un magnifique caractère à *l'implacable* Athalie, jouait le rôle d'un bourreau.

Est-ce à dire pour cela que l'artiste doive se conformer aux goûts d'un public frivole, flatter ses fantaisies, obéir aux caprices de la mode ? Non, sans doute, et nous protestons contre l'opinion qui prétend imposer un tel joug au talent. Malheur à l'artiste dont le pinceau esclave subit cette influence qui l'énerve et l'affaiblit, en lui enlevant son indépendance! Mais Sigalon n'avait pas é é complétement heureux, nous le croyon du moins, dans le choix et dai s l'exécution du sujet. Toutefois *Athalie* n'en reste pas moins un tableau d'un ordre supérieur où les beautés l'emportent sur les défauts et les rachètent.

Sigalon vit-il une leçon dans la destinée de son dernier tableau, et faut-il y chercher la cause de l'espèce de timidité qu'on remarque dans les trois compositions qu'il exposa au Louvre de 1827 à 1833? Ce n'est pas néanmoins une transformation, mais le novateur qui s'était prononcé avec ta t d., hardiesse, semblait s'être arrêté et même avait fait quelques pas en arrière, comme s'il eût regretté de s'être trop avancé. Le *Baptême du Christ* contrastait par la réserve de son ordonnanc et de son exécution avec les précédents ouvrages du peintre; on y retrouvait sa fermeté de ton, sa vigueur de style, la pureté de son dessin; mais rien d'osé, rien de ce qui caractérise l'originalité et révèle l'inspiration, ne distinguait cette œuvre. Il faut dire aussi qu'elle avait été commandée par le gouvernement; et, quelle que puisse être la conscience d'un artiste, il est rare que, dans l'exécution d'un tableau qu'il n'a pas choisi, on n'aperçoive pas, en quelque sorte, les entraves d'un programme.

La Vision de Saint-Jérôme, le Christ en croix, témoignent mieux de l'individualité de l'artiste; il s'y souvient davantage de lui-même, bien qu'on y découvre certaines réminiscences du Guerchin et de Daniel de Volterre. Il y a de la poésie dans le premier de ces tableaux; et, ainsi que le second, il se distingue encore par l'énergie. Mais le salon de 1833 avait présenté le talent de Sigalon sous un jour nouveau ; jusque là, il semblait s'être voué exclusivement à la grande et solennelle peinture, aux sujets nobles et sévères, quoiqu'il eût prouvé dans quelques détails de *la Courtisane* que son talent pouvait s'assouplir aux sujets gracieux. Le *Sujet Anacréontique* qui parut au salon de 1833 était un chef-d'œuvre de grâce et de délicatesse ; il n'eût pas été désavoué par Prudhon ; à peine cependant ce tableau fut-il remarqué ; la critique laissa à peine tomber un dédaigneux regard sur le *Sujet Anacréontique* et sur le beau portrait de M. Schoelcher, portrait qui pouvait rivaliser avec les meilleurs ouvrages de l'Ecole française et même de l'Ecole flamande.

Le découragement s'empara de Sigalon ; dix ans de travaux et de succès n'avaient pu lui assurer une position indépendante ; aussi pauvre en 1833 que lorsqu'il avait quité Nismes, il se détermina à y retourner, pour y donner des leçons de dessin ; quelquesuns de ses amis voulurent en vain combattre cette résolution. Il dit adieu à la capitale, en exprimant le regret d'y être venu chercher un nom, une réputation qui ne l'avaient pas même préservé de la misère. En effet, la vente de ses tableaux ne l'avait pas indemnisé de ses frais. Il avait été obligé de céder pour trois mille francs son *Athalie*, qui lui en avait coûté sept mille. Ces chiffres ont leur importance ; ils montrent à quel prix Sigalon avait acheté le rang qu'il occupait dans la peinture.

Pourquoi donc cet artiste, qui avait vu la gloire lui sourire, avait-il trouvé la fortune si inflexible, quand tant de peintres médiocres insultaient à sa pauvreté par leur aisance ? C'est que Sigalon n'avait pour recommandation que son talent. Etranger à l'intrigue, il en avait même horreur ; et jamais il ne put se résoudre à descendre de son atelier pour venir disputer des faveurs à la médiocrité.

Le voilà donc revenu à Nismes! Il cherche à oublier Paris, dont le souvenir ne lui retrace que de douloureux mécomptes et de cruels sacrifices; tout-à-coup, une lettre du ministre de l'intérieur l'y rappelle. Sigalon demande ce qu'on exge de lui; il sollicite des explications préliminaires sur la proposition que veut lui faire le ministre, car le peintre a rompu entièrement avec Paris. On lui répond qu'il s'agit pour lui d'un voyage ou plutôt d'un long séjour à Rome. A ce nom de Rome, Sigalon tressaille; il s'empresse de se rendre à l'invitation du ministre.

Ce ministre était M. Thiers; il avait conçu le projet de faire copier les fresques où Michel-Ange peignit le *Jugement dernier* dans la chapelle Sixtine. Ce projet, qui avait un but d'utilité réelle pour les arts, ne manquait pas de grandeur; mais il aurait fallu beaucoup d'argent pour rémunérer convenablement le travail de l'artiste capable de lutter avec Michel-Ange et de reproduire son grand poëme, qui se déroule sur un cadre immense où se meuvent trois cents personnages.

M. Thiers avait jeté les yeux sur Sigalon, dont il connaissait, dont il avait pu apprécier le talent et la modestie. Dans la première entrevue qui réunit le ministre et l'artiste, celui-ci avait accepté la proposition de M. Thiers, avant de connaître les conditions du marché : « Je ne puis, dit le ministre au peintre, vous offrir que cinquante mille francs. — Qu'importe ! répondit Sigalon, je partirai; je me mettrai à l'œuvre dès que je serai arrivé à Rome. — Mais il vous faudra au moins trois ans pour l'achever. — Qu'importe! je partirai. » Et Sigalon signa l'engagement qui devait être onéreux pour lui et qu'il n'avait pas voulu contrôler par des calculs qui auraient peut-être fait reculer tout autre artiste.

Un de ses amis cherche à lui prouver et lui prouve même facilement que l'exécution de cette tâche si longue, si difficile, lui coûtera beaucoup plus d'argent que le ministre n'en met à sa disposition :

—Ma foi, répond Sigalon en souriant, il vaut mieux mourir de faim en copiant Michel-Ange, que vivre mesquinement en courant le cachet.

L'histoire n'oubliera pas ces paroles de l'artiste; elles peignent l'homme tout entier.

Heureux l'architecte et le sculpteur dont les talents, grâce aux matières sur lesquelles ils s'exercent, peuvent espérer pour leurs œuvres une glorieuse vieillesse, qui prolongent les hommages de la postérité la plus reculée! mais le peintre qui confie sa pensée à la toile, au bois ou au plâtre, quelle sauve-garde trouve-t-il dans un faible tissu, dans une fragile matière, contre les accidents de la vie, contre l'action dévorante de la vétusté? Le temps n'a pas encore effacé l'empreinte immortelle du génie d'Ictinus; devant les statues et les bas-reliefs arrachés au tombeau de la vieille Grèce, vous devinez, vous comprenez Praxitèle et Phidias; mais les peintres fameux de l'Antiquité, les Zeuxis, les Apelle, célébrés par les historiens et par les poètes, ils n'ont laissé que leurs noms à l'admiration des siècles.

Toutefois, il y a un genre de peinture auquel on supposait plus de chances de durée, plus de conditions de résistance aux ravages des années; mais le temps a donné un déplorable démenti à cette opinion, et les fresques que l'art italien montrait avec un juste orgueil, sont déjà presque entièrement effacées. Bientôt il faudra admirer seulement sur la foi des écrivains

ou des graveurs ces chefs-d'œuvre menacés d'une ra-
pide et complète destruction.

Le Campo-Santo, à Pise, présente à peine quelques
traces du pinceau de Léonard de Vinci, dont la *Cène*
a été heureusement reproduite par le burin de Raphaël Morghen; bientôt les cartons d'Hampton-Court,
ces esquisses admirables de Raphaël, survivront seuls
à ses Loges, pour témoigner d'une irréparable perte;
le *Jugement dernier* de Michel-Ange ne pouvait échap-
per à cette loi commune qui atteint tous les ouvrages
de l'homme. Déjà l'œuvre colossale de l'artiste florentin, déshéritée en partie de la puissance de son
coloris énergique, a subi l'influence d'une dégradation
qui la fera incessamment disparaître dans une ombre
générale. Encore quelques années et plus rien ne res-
tera de Michel-Ange que la place où il mit en action
ce verset de saint Mathieu : *Videbunt filium hominis
venientem in nubibus cœli cùm virtute multâ et majes-
tate :* immense composition dont nous n'avons pas à
retracer les détails.

Impatient de visiter la métropole du monde chré-
tien, la grande cité, deux fois mère des arts, Sigalon
disait : « Rome me consolera de Paris. » Rome répondit à ses espérances; il y trouvait presque une seconde patrie; car là s'était accompli le drame lugubre
dont il avait reproduit la péripétie la plus terrible;
là, son imagination, si vive sous l'apparence d'une
froideur qui était peut-être l'effet du découragement
et de la mélancolie, reconstruisait le palais des Césars; elle le repeuplait de ses hôtes historiques, res-
suscitait Britannicus, Néron, Narcisse, Locuste et jusqu'à l'esclave, cet acteur muet et cependant si élo-
quent de la scène immortalisée par le pinceau de Sigalon.

Mais il entend une voix qui l'appelle; c'est celle de

Michel-Ange. Sigalon accourt; il est dans la chapelle Sixtine; il contemple, il observe dans un religieux silence le chef-d'œuvre qu'il doit reproduire; il est devant le terrible joûteur avec lequel il va se mesurer; il est à cette place où il lui faudra rester trois ans; trois ans consacrés à une copie, après avoir obtenu de si beaux succès par des compositions originales! Combien, aujourd'hui, de peintres justement célèbres, combien, aussi, de peintres obscurs croiraient déroger en acceptant le rôle de copiste! Peut-être leur susceptibilité orgueilleuse attacherait-elle l'idée d'un servile abaissement, d'une honteuse déchéance à la copie d'un maître, quand bien même ce maître s'appellerait Paul Véronèse, Raphaël ou Michel-Ange.

Le nom de Michel-Ange n'est pas seulement l'expression du génie, il est aussi l'expression d'un grand siècle. Michel-Ange! c'est la renaissance des arts, c'est le réveil de la civilisation apparaissant, après cinq cents ans de sommeil, sur les ruines de l'univers romain. Michel-Ange! c'est, à la fois, la peinture, l'architecture, la sculpture revivant dans un sublime modèle; homme prodigieux, dont les talents si nombreux, si divers, sont une énigme pour notre faiblesse, et les œuvres un éternel enseignement pour les artistes. Un seul de ses talents aurait suffi à l'immortalité de son nom. Mais quand on a admiré le peintre qui a fait le *Jugement dernier*, le sculpteur dont le ciseau a produit le *Moïse*, la *Madone* de Bruges, l'*Écorché*, le *Pensiero*, voici le poète dont les vers réclament une place non loin du Dante; voici l'homme de guerre dont les travaux sur l'art de fortifier les villes étonnèrent Vauban lui-même; voici, enfin, l'homme d'état que la reconnaissance de sa patrie couronna d'un nouveau laurier!

Sigalon vit de près, jugea les difficultés du travail confié à son talent, mais il n'en fut pas effrayé ; aujourd'hui on peut les apprécier au palais des Beaux-Arts, où la copie du *Jugement dernier* est livrée à l'admiration des vrais connaisseurs, des hommes qui calculent ce qu'a dû coûter d'efforts, de patience et de dévouement à l'art la reproduction fidèle d'un si vaste ensemble, avec la multiplicité des détails dans un sujet si compliqué. Un religieux respect pour le dessin de Michel-Ange, si remarquable à la fois par sa pureté et par sa vigueur, ne suffisait pas ; il y avait une chose encore plus difficile, c'était de s'identifier complètement avec le maître, de rendre sa couleur ; car le peintre copiste est sans cesse dominé, entraîné par les habitudes et par l'éducation de son pinceau. Il fallait donc que l'artiste se fît en quelque sorte une couleur étrangère, qu'il veillât assiduement sur la sienne pour prévenir la surprise des réminiscences ; enfin, qu'il poussât l'abnégation jusqu'à l'oubli de lui-même. Mais si le tableau que le peintre veut reproduire atteste déjà l'action désastreuse du temps ; si les siècles en passant sur les contours, sur les tons, ont altéré les uns, obscurci les autres ; s'il faut chercher la pensée du maître à travers l'indécision produite par une dégradation progressive, alors il ne reste plus au copiste que la ressource des conjectures ; combien, alors, sa tâche exige d'habileté, de sagacité, surtout de conscience, pour qu'il ne cesse pas d'être fidèle à l'original !

Dans cette lutte de trois années avec son modèle, le courage et la persévérance de Sigalon ne furent pas moins admirables que son talent ; jamais il ne parut fatigué ; jamais il ne se plaignit de l'immensité d'un labeur qui absorbait tous ses instants. Au lever de l'aurore il se rendait à la chapelle Sixtine, et là, suspendu en quelque sorte à ses voûtes, il poursuivait sa tâche et recommençait quelquefois le travail de la veille. La société de Rome lui offrait des délassements ; il les refusa : il se devait tout entier à Michel-Ange !

Lorsqu'il eut ache é son œuvre, quand les suffragee de Rome lui eurent appris le succès de ses efforts, il revint à Paris pour placer lui-même cette grande toile au palais des Beaux-Arts. Le jugement de Rome fut confirmé par celui du public parisien. Un seul reproche spécieux se mêla à ce concert de louanges. Quelques critiques prétendirent que Sigalon avait donné une couleur trop fraîche, trop moderne à la copie d'une fresque très-sombre. Mais fallait-il que le copiste reproduisît l'œuvre de Michel-Ange noircie, dévastée par le temps, au lieu de la rendre, autant que possible, telle qu'elle dut être lorsqu'elle sortit des mains de l artiste florentin ? Non, sans doute ; il faut, au contraire, savoir gré à Sigalon de s'être placé à l'époque où Michel-Ange acheva son *Jugement dernier*, et de l'avoir, en quelque sorte, rajeuni, en essuyant la rouille dont les siècles l'avaient couvert (1).

A Paris, Sigalon se trouva presque consolé des dix années d'angoisses et de pauvreté que cette ville lui rappelait. Les éloges reconnaissants des artistes et des connaisseurs satisfaisaient le peintre ; il se regardait comme suffisamment dédommagé des sacrifices qu'il s'était imposés pour dégager sa parole envers le gouvernement. Mais, hâtons-nous de le dire, le gouver-

---

(1) On peut renvoyer ces critiques à la copie réduite du *Jugement dernier*, faite par Robertus-Betrower, en 1570, six ans seulement après la mort de Michel-Ange. Elle est sur bois et offre une fraîcheur de tons, une vivacité de coloris qui justifient complètement Sigalon. Cette copie a fait partie de la galerie Agerado.

nement fut juste : il s'empressa d'allouer à l'artiste si désintéressé , si consciencieux , une indemnité de trente mille francs ; une reute viagère de trois mille francs lui fut en outre assurée. C'était une fortune pour lui. Il remercia le ministre qui lui annonça cet acte de justice ; il remercia surtout Michel-Ange. Mais la mort ne devait pas lui permettre de jouir d'une aisance qui lui avait manqué jusque-là ; elle ne devait pas non plus lui laisser le temps de compléter son ouvrage.

A peine était-il de retour à Rome, pour faire les pendentifs du *Jugement dernier*, qu'il fut atteint du fléau terrible qui avait fait en France tant de victimes ; à peine avait-il ressaisi ses pinceaux que la tombe s'ouvrit pour engloutir ses espérances de bonheur et de gloire (2).

La gloire ! il l'avait achetée bien cher ; le bonheur ! il était digne d'en jouir. S'il méritait d'avoir des admirateurs, il méritait aussi d'avoir des amis ; car il était bon, sensible, généreux. La pauvreté était restée sans influence sur son caractère ; elle ne l'avait point aigri ; il vit sans colère, sans jalousie, la haute fortune de quelques ar istes qui ne la justifiaient pas par leurs ouvrages ; d'autres, encore moins heureux que Sigalon, trouvaient auprès de lui les conseils de l'expérience et les secours d'une hospitalité fraternelle. La pauvreté ne l'empêchait pas de témoigner de la bonté de son cœur, et d'être bienfaisant. Qu'on nous permette de citer un trait et un mot où se peint sous une forme naïve la bonhomie insouciante et philosophique de l'artiste. Il rencontre à Paris un de ses compatriotes, un jeune homme qui avait épuisé ses dernières ressources au métier ingrat de solliciteur ;

---

(2) Il mourut du choléra, à Rome, le 18 août 1837.

il faisait froid, c'était l'hiver de 1830! « Viens chez
moi, lui dit Sigalon, en l'entrainant vers sa modeste
demeure; je ne puis partager avec toi mon manteau,
car je n'en ai pas, mais je partagerai mon pain, en
attendant mieux. » Et, pendant six mois, le solici-
teur s'assit à la table frugale du peintre. L'ancien
commensal de Sigalon et aujourd'hui un magistrat
distingué : il fut toujours un ami reconnaissant.

Cette amitié que Sigalon sentait, et ce qui vaut
mieux, pratiquait si bien, suivant l'expression de
Montaigne, elle ne lui fit pas défaut à ses derniers
moments. Elle lui prodiguait ses consolations, tandis
que la religion faisait briller à ses yeux l'espoir d'une
vie meilleure. Si le grand artiste, en expirant, put
douter encore de la justice des hommes, du moins il
n'emporta dans la tombe aucun doute sur la religion
et sur l'amitié réunies près de son lit de mort.

Une terre étrangère a reçu dans son sein le cercueil
du peintre français; mais cette terre couvre aussi les
dépouilles mortelles d'autres artistes célèbres ; Sigalon repose donc encore au milieu de ses amis, de ses
frères. Ah! sans doute, ses cendres appartenaient à la
cité qui fut sa patrie adoptive, à Nismes, qu'il aimait
avec la reconnaissance d'un fils pour sa mère, et qui
possède la *Locuste*, son chef-d'œuvre; sans doute, s'il
lui eût été permis de choisir sa tombe, c'est à Nismes
qu'il reposerait, entouré des amis de sa jeunesse et
des protecteurs de son talent. Mais respectons les dé-
crets de la Providence qui lui réservait une autre sé-
pulture, loin de la France, dans Rome même, comme
pour placer son cercueil et son nom à l'ombre des
lauriers de Michel-Ange et de Raphaël!

FIN.